Hippokrene:

Det røde helikopteret

Faarikaal Forlag 2003/2016

ISBN 978-82-690248-2-1

Hytta, ferdigbygget

HIPPOKRENE

Det røde helikopteret

En historie fra den gang hytta ble bygget

Illustrasjoner: Inger Svindal
Fotografier: Tore Svein Olsen
Layout: Faarikaal Forlag 2016
Trykk: Createspace, USA
ISBN: 978-82-690248-2-1

FAARIKAAL forlag

Februar 2016 – desember 2003

Kapittel 1

Det er sommer. Det er sol. Og det er lørdag. Tidlig lørdag morgen. Klokken er bare seks.

Men både Øyvind og Vidar har vært våkne lenge, og synes at det må være langt på dag.

De er veldig spente, for i dag skal de være med pappa og mormor på fjellet.

De har hørt om denne hyttetomta som mormor og morfar har kjøpt, men de har aldri vært der. Mamma har ikke ferie, så hun skal ikke være med. Morfar får ferie om en uke, så da kommer han etter. Pappaen til Øyvind og Vidar er byggmester og han skal hjelpe morfar å sette opp hytta i ferien sin, mens Øyvind, Vidar og mormor skal passe på hverandre.

Tidligere i sommer har det vært dugnad på tomta. Det er blitt ryddet og det er satt opp grunnmur.

Endelig er de voksne ferdig til å reise. Den gamle Taunusen er fullstappet med telt, soveposer, klær og matvarer.

«Hva er egentlig ferie?» lurer Vidar på. Han er bare 3 og et halvt år og har ikke hatt ferie før.

Figur 1 – Avsted mot fjellet

«Det er å reise langt til fjellet og bygge hytte,» svarer Øyvind. Han er 5 år gammel og vet nesten alt.

De vinker til mamma og morfar så lenge de kan se dem, Og så er de underveis. Foran sitter pappa helt alene og styrer bilen. I baksetet sitter Øyvind og Vidar med mormor mellom seg,

Ja, et er sant. Mikkel har vi nesten glemt. Mikkel er en liten buehund på to år. Han liker ikke å kjøre bil og piper litt.

Men når han får ligge med hodet på Vidars fang er ikke tilværelsen så verst likevel.

Figur 2 – Mikkel blir svimmel og kvalm av bilkjøring

«Er vi ikke snart fremme?» Vidar er utålmodig etter bare en halv times kjøring.

«Jeg synes dere skulle sove litt». Mormor er så fornuftig, hun.

«Dere var så tidlig oppe i dag.»

Både Øyvind og Vidar sovner igjen, og våkner først da pappa rister litt i dem.

"Men har dere tenkt å sove bort hele dagen da?"

Nå er de fremme ved Slåtten seter. Her hadde det vært seterdrift tidligere. Men nå er det bare setervollen igjen. Her slutter veien og bilen må parkeres på gressvollen.

«Nå kommer vi ikke lenger, så herfra må vi gå. Ta sekkene deres, men ikke ta for mye i dem.» Pappa lemper varer og bagasje ut av bilen.

«Jeg går heller flere ganger og bærer opp resten.»

«Du får ikke ta for tung sekk du heller da, Tom.» Mormor passer på alle.

Han hadde en stor sekk. På toppen av sekken hadde han telt og soveposer. Mormors sekk var også stor, men hun hadde fylt den med brød og klær. Så den var ikke så veldig tung.

«Jeg kan bære veldig mye,» sier Vidar.

«Jeg kan bære enda mer.» Øyvind føler seg størst nå.

Figur 3 – Altfor tunge sekker for små gutter

Mormor fikk stappet noen ekstra hermetikkbokser i sekkene til barnebarna sine uten at noen la merke til det.

«Er det langt å gå?» spør Vidar. «Sekken min er så tung.»

«Men i all verden. Hva er det du har i sekken din?» spør pappa.

«Sekken min er også fryktelig tung!» Øyvind puster og peser.

Og så går pappa videre med en stor sekk på ryggen og to små sekker på magen.

Klokka er akkurat 12 da de er fremme på tomta. Den ligger vakkert til i en svak skråning med bjørk, lyng, mose og masse modne blåbær.

«Her er det pent!» Vidar ser seg om. «Skal vi plukke blåbær?»

«Nå skal vi først ha mat.» Mormor tar frem en stor eske med smørbrød, melk. og en termos med kaffe.

«Jeg får gå ned på Slåtten og bære opp en vending til.» Pappa Tom tar på seg den tomme sekken.

«Jeg skal hjelpe deg å bære, pappa,» Vidar føler seg også som en stor gutt.

«Det er bedre du hjelper mormor å reise teltet.» Tom er fornuftig, han.

Og han hadde nok ikke trodd at de ville greie det.

Da han endelig kom tilbake, står det store teltet

på plass. Vidar står inne i teltet og holder teltstanga, mens Øyvind og mormor strammer bardunene og banker pluggene på plass. Det sto et lite telt på plassen fra før, og som morfar, mormor, pappa og onkel Tore hadde sovet i da de støpte grunnmuren og grov ut tomta. Det nye, store teltet har det lille teltet foran. Det kan de bruke som kjøkken.

Figur 4 – Vidar holder teltstanga

Figur 5 – kuer på jordet

Tom går frem og tilbake til bilen flere ganger og bar opp varer. Øyvind hjelper mormor å lage kjøkkenskap av tomkasser, og etter kjeler og matvarer på plass. Mikkel og Vidar spiser blåbær.

Med ett setter Mikkel i å gjø.

Mormor har et fint plystresignal. Med en gang hun plystrer kommer Mikkel løpende. Mormor tar og fester ham for sikkerhets skyld i en bjørk.

«Men det er jo kuer,» ser Vidar. «Det er tre, nei, fire.» Det er mange store kuer, det.

«Er de farlige?» Øyvind ser litt redd ut.

«Nei, de er nok bare nysgjerrige.» Mormor har sett kuer før. «Jeg håper bare de ikke tråkker ned teltet for oss.»

Hun tar en stor kvist og forsøker å jage bort kuene. Alle kuene rusler videre. En stor kvige blir stående og glo på dem. Så starter den opp...

Figur 6 – En stor kvige står foran Mikkel og ser sint ut

Mikkel gjør for full hals og trekker seg tilbake så langt han kan komme.

«Vi må redde Mikkel. Kua tar`n!» Vidar er pessimistisk som vanlig.

Alle tre banker i bakken med kjepper, men det bryr ikke kviga seg om i det hele tatt.

Men da kommer heldigvis Tom tilbake.

«Jasså, har dere fått besøk,» bemerker han og løser Mikkel fra bandet.

Figur 7 – Mikkel bykser rett frem mot kviga

Mikkel bykser rett fram mot kviga. Da er den ikke så modig lenger, men løper avgårde med Mikkel i helene. Mikkel følger henne et stykke, men han kommer tilbake med en gang mormor plystrer.

Figur 8 – Tom festet piggtråd rundt teltplassen

«Vi må nok gjerde inn teltplassen,» sier Tom, «ellers kommer kuene til å tråkke ned teltene for oss.»

Blant alle de tingene som var kjørt opp tidligere var det også en bunt med piggtråd. Tom festet piggtråden i bjørkene i en stor ring rundt teltene.

Gjerdet fungerte. Kuene som hadde fulgt etter Mikkel, turde ikke komme innenfor piggtråden. Det var nok at bjellekua en gang stakk nesen sin mot en av piggene.

Figur 9 – Mikkel i en lang løpestreng

Nå er det blitt sent på kvelden, og snart sover alle. Det hadde vært en slitsom dag.

Tidlig neste morgen er alle i full sving. Mikkel står bundet, han har en lang løpestreng. Plutselig setter han i å gjø.

«Det er sikkert kuene som kommer igjen,» sier Vidar.

Men denne gangen er det ikke kuene. Det er en flokk brekende sauer.

«De vil ta Mikkel.» Øyvind hopper tilside når sauene nærmer seg Mikkel.

Figur 10 – En flokk sauer nærmer seg

Figur 11 – Øyvind er redd sauene skal ta Mikkel

Men så skjer det noe rart. En sauemor med to små lam går helt bort til Mikkel, snuser på ham og begynner å slikke på ham. Mikkel ser ikke ut til å like det. Men han står stille, og sauene flokker seg rundt ham.

«Du hadde nok blitt en fin gjeterhund du Mikkel!» Mormor er litt stolt av hunden sin. «Vet dere at broren til Mikkel er gjeterhund i Lom?»

Figur 12 – Sauemor slikker på Mikkel

Figur 13 – Med hammer, sag, bordbiter og spiker er det bare å sette igang med å bygge

Tom er i full sving med arbeidet på hytta.

Både Vidar og Øyvind vil så gjerne hjelpe til.

Men Tom sier de heller får bygge en hytte for seg selv. «Men ikke rot bort materialer og spiker,» legger han til.

Akkurat som om noen kan bygge hytte uten materialer og spiker!

Mormor har vært veldig lur. Hun har tatt med to nye, fine hammere, en liten sag og en stor pakke med spiker. Noen bordbiter er det også råd med, og snart er guttene i gang med å bygge.

Tiden går veldig fort. Øyvind og Vidar sager, banker og spikrer.

«Jeg tror det blir en båt,» sier Vidar.

Figur 14 – Det senere så berømte røde helikopteret på første prøvetur

«Det er vel ingen vits i å bygge båt . Der er jo ikke noe vann her. Vet du hva jeg tror det blir? Jeg tror det blir et helikopter,» sa Øyvind.

Og helikopter blir det. Det senere så berømte røde helikopteret som flyr land og strand rundt på fantasiens vinger.

Kapittel 2

Figur 15 – Været er blitt surt og kaldt. Det har begynt å regne

Uka går fort. Det er allerede fredag morgen. Surt og kaldt vær er det i dag. Ikke noe hyggelig å jobbe ute. Det begynner å regne også og guttene sitter inne i teltet og tegner.

Tom kommer inn. «Jeg reiser likegodt nedover med en gang,» sier han. «Jeg får ikke jobbet noe i dette været likevel.»

Tom skal dra hjem og hente morfar, og så kommer de begge tilbake imorgen.

«Dere er vel ikke redde for å være alene her i natt?» Han ser på familien sin.

«Mikkel passer på oss.» sier Vidar.

Så reiser Tom. Øyvind, Vidar, Mikkel og mormor er tilbake helt alene i et telt på fjellet. Det finnes ingen andre hytter i nærheten.

Det har begynt å blåse kraftig nå og det er surt og kaldt.

«Vi legger oss i soveposene,» sier mormor, «det er mye varmere. Men vi får høre på værmeldingen i radio før vi legger oss til å sove. Det blir sikkert fint vær igjen i morgen.»

'*Regn og tordenbyger. Full storm i fjellet fredag kveld*' lover værmannen.

«Er full storm farlig?» Vidar så for seg store bølger og oversvømmelser.

«Nei, bare for båter som er ute på sjøen,» svarer mormor.

«Der kan du se, Vidar. Det var godt vi bygde helikopter og ikke båt.»

Snart sover guttene. Regner hamrer mot telttaket. Det er ganske koselig å høre på. Det er verre med vinden. Den trenger inn over alt. Guttene har fått godt med klær på. Til og med luer har de på seg...

Teltet blir plutselig opplyst av lyn og det høres et voldsomt tordenskrall. Mikkel piper og ynker seg.

Han er redd i tordenvær. Han får lov til å komme inn i teltet og legger seg oppå soveposen til mormor. Han har ellers kurven sin stående ute i kjøkkenteltet.

Figur 16 – Mikkel er redd for tordenvær

Nå våkner Vidar også og mumler i halvsøvne : «Det blåser i natt.»

Et vindkast er så kraftig at et tre braker over ende like utenfor. Lyden er høy, veldig høy!

Vidar trekker teppet sitt godt over hodet. Han vil gjemme seg!

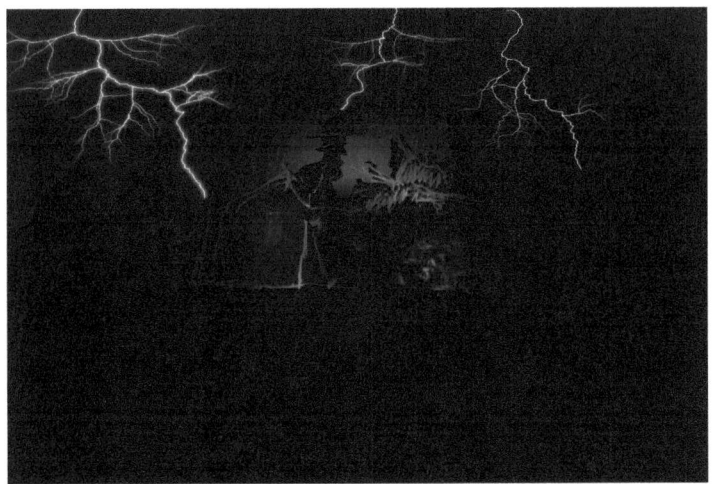

Figur 17 – Et tre braker overende utenfor

Neste vindkast knekker teltstangen så den bøyer seg og alle får teltduken i ansiktet.

«Blåser teltet ned? Er det farlig mormor?» Øyvind er litt bekymret.

Vidar titter frem over teppekanten.

«Nei vi har nok festet teltpluggene for dårlig,» svarer mormor.

«Vi får gjøre det bedre i morgen.»

«Men det gynger så fælt og det er blitt så trangt her,» Øyvind ser på den blafrende teltduken.

«Nå leker vi at vi seiler i en stor båt over havet,» sier mormor.

«Ja, Bunnefjorden,» sier Vidar.

Figur 18 – Nå leker vi at vi seileren stor båtæ på havet

«Bunnefjorden er vel ikke noe hav. Er det vel det mormor?»

«Å nei, det er nok et mye større hav vi seiler på. Stillehavet for eksempel.»

«Er du sikker på at det er Stillehavet? Jeg synes ikke det er så veldig stille her akkurat,» Øyvind lytter til vindkastene utenfor.

Figur 19 - «Vi kjører heller helikopter,» sier Vidar.

«Nå kjører vi ikke båt mere, Vi kjører heller helikopter,» sier Vidar.

«Brrr - Jeg er motor.»

Mikkel voffet, han vil også være med!

«Nei, Mikkel!» kommer det fra Vidar og mormor i kor. «Du må passe på teltet!»

Mikkel la seg ned like ved teltdøren. Han så skuffet ut.

Figur 20 - «Er det farlig, mormor?»

Det kommer et voldsomt tordenskrall. Lynet lyser opp teltet hele tiden.

«Host - host - det er noe galt med motoren.» sier Vidar.

«Vi må nødlande. Pang! Nå krasjer vi!»

«Uff da, hvor er vi havnet hen?» Mormor ser usikker ut.

«Vet du hvor vi er?» lurer Øyvind på.

«Vi har landet i en tyggegummifabrikk Vi sitter helt fast i tyggegummi. Vi må prøve å komme løs. Hal i og dra. Du også, mormor!» Vidar dirigerer troppene sine.

Figur 21 – Hjelp! Helikopteret er klistret fast!

Det er litt av en jobb å komme løs fra all tyggegummien.

Men hvis det hadde vært noen som ruslet rundt på fjellet i uværet måtte de undres på hvorfor Øyvind, Vidar og mormor mest ler seg i hjel i et havarert telt midt på natten, midt i det øde fjellet!.

Endelig så stilner stormen litt på morgenkvisten.

«Jeg er sulten,» sier Vidar. «Har vi noe mat?»

«Vi har en boks med smultringer her.» Mormor ser nøye etter. «Det kan vel smake bra nå.»

Og klokken 4 om natten sitter alle og spiser smultringer mens regndråpene sildrer gjennom teltduken.

«Nå tordner det ikke mer,» sier Øyvind.

«Nei, nå er nok uværet over.» Mormor ser på eldste barnebarnet sitt. «Vi får forsøke å sove litt. Vi får ikke ryddet opp her før det blir lyst likevel.»

Figur 22 – Klokken fire om natten spiser alle smultringer, «Nå tordner det ikke mer,» sier Øyvind.

Vidar har allerede sovnet.

Da mormor våkner hører hun Vidar snakke lavt.

«Men er du så sulten da, stakkars liten.»

I hjørnet, der teltduken var flerret, sitter en liten skogmus og spiser på en smultring

«Men Vidar da. Det er jo en mus!»

«Men mormor da. Du er vel ikke redd for en liten mus?»

«Nei, jeg er vel ikke redd for mus. Men det er da ikke noe koselig å ha mus i teltet?»

«Men du husker vel at det regnet i natt?» sa Vidar. «Den liker vel ikke å bli våt den heller.»

Figur 23 – Modige Mikkel stirrer stivt på musa

Mikkel ligger og stirrer stivt på musa. Modige Mikkel! Men så tar han seg sammen og setter i et lite bjeff, og da finner musa det best å forsvinne ut.

KAPITTEL 3

Det lysner av dag og uværet ser ut til å være over.

«Nå får vi begynne å rydde,» sier mormor. Hun får litt panikk da hun ikke finner glidelåsen til teltdøra.

«Den er kanskje blåst bort,» sier Vidar.

«Glidelåser kan vel ikke blåse bort,» sier Øyvind og etter iherdig innsats finner han låsen og de klarer å komme seg ut.

Figur 24 – Hele formiddagen gikk med til opprydding

Men som det ser ut! Alt er bare rot. Hermetikk, kjeler, kopper og kar i et eneste virvar.

«Enda godt at vi har maten i plastspann,» sier mormor. «Hva skulle vi ellers ha gjort?»

Det store teltet har også følt vinden og har revnet på den ene siden. En gran hadde falt over ende engang på natten, bare noen meter fra pigg-tråden, og det sneiet teltet med noen grener.

Helikopteret har klart seg bra, men Øyvind og Vidar reparerer det for sikkerhets skyld.

Hele formiddagen går med til opprydding. Heldigvis er det blitt fint vær og sol, så alt det kliss våte tøyet blir hengt opp til tørk.

Plutselig setter Mikkel i å gjø.

Figur 25 – Mikkel er glad når bestefar og Tom kommer

«Det er sikkert kuene som kommer tilbake igjen.» Vidar er helt sikker på det.

Men Mikkel logrer med halen og viser tydelig at han er glad.

«Jeg tror det er bestefar og pappa,» peker Øyvind.

Og like borte på myra kommer de gående på stien med store sekker på ryggen.

«Hvordan står det til her da?» lurer bestefar litt.

«Bare fint,» svarer alle i kor.

«Ja dere kan være glade for at dere ikke var hjemme i natt. Vi hadde et forferdelig uvær.»

«Voff,voff!» sier Mikkel. *'Ikke snakk om uvær,'* mener han å si. *'Det bor store udyr i teltet også!'*

Men når Tom og bestefar kommer fram til teltene og ser den store grana som er blåst overende, teltstengene som er brukket, og teltene som har revnet og alle klærne som henger til tørk, skjønner de at det blåste litt på fjellet også.

«Uff da, dette var ille!» Bestefar høres bekymret ut. «Var dere veldig redde?»

«Neida, vi kjørte med helikopter over Stillehavet og det gynget veldig,» sa Øyvind.

«Og så landet vi i en tyggegummifabrikk,» forklarte Vidar ivrig, «og fjellmuser liker smult- ringer.»

Tom og bestefar retter opp teltstengene og mormor tar på seg å sy revnen på det store teltet. Det vesle teltet passer best i tørrvær. Tom og bestefar er fort i gang med arbeidet. De liker ikke å bli heftet med uvesentlige ting.

Dagen går fort. Guttene ligger tørre og rene i soveposene sine.

«Skal jeg lese et eventyr for dere, eller er dere for trøtte?» Mormor sitter på kanten av sengeplassene.

«Nei vi kjører heller en tur med helikopteret. Du skal også være med, mormor.»

«Nå starter vi. Nå er du motor, Øyvind.»

«Hold deg fast så du ikke faller ned, mormor.» Vidar passer på mormor og holder godt i henne.

«Vidar, du må gi mer gass. Jeg ser pappa og bestefar langt der nede.» Øyvind titter over kanten av teppet som mormor har tullet rundt ham

Figur 26 – «Jeg ser pappa og bestefar langt der nede,» sier Øyvind

«Jeg kan se et troll.» Vidar titter også ned på teltgulvet. Kan du se trollet, mormor?»

«Ja visst.» Mormor er også med på helikopterturen. «Skal vi lande og hilse på det?»

«Brems!» Øyvind stanser helikopteret, og det lander elegant på en stor steinhelle.

Og der sitter en liten trollgutt med stort, brunt, buskete hår og en kort jakke som han tydelig har vokset fra. Han har korte bukser og et nakent stykke rundt magen, Akkurat slik som Vidar pleier å gå.

Store tårer renner nedover kinnene på ham.

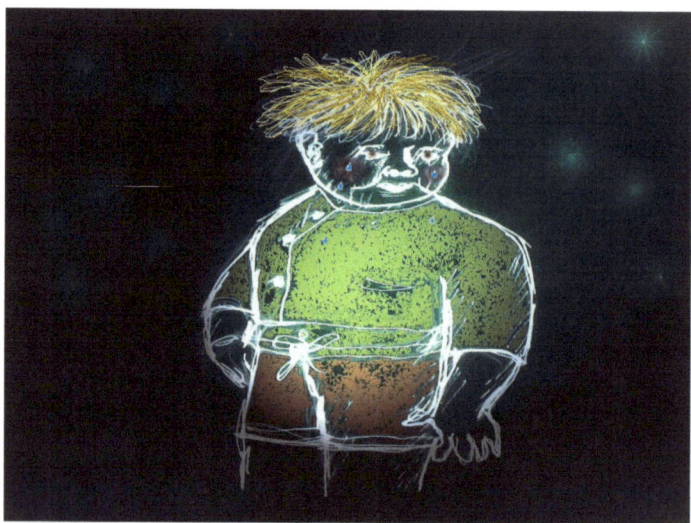

Figur 27 – Tårene renner nedover kinnene hans

«Hvorfor gråter du?» Vidar ser på trollgutten. «Du er vel ikke redd oss?»

«Nei, men faren min sier at dere banker og banker, og at dere vil jage oss ut av fjellet. Derfor ville jeg prøve å finne dere og be dere om å slutte med bankingen.»

«Men vi vil da ikke jage dere ned fra fjellet!» mente Øyvind.

«Vi har bare bygget dette helikopteret, og faren vår bygger hytte.»

«Hva heter du?» Vidar ville gjerne være høflig.

«Jeg heter Labbe Langbein.»

«Bor du her?» Øyvind ser på ham.

Figur 28 - «Der bor jeg,» roper Labbe

«Jeg vet ikke akkurat hvor jeg bor,» svarer Labbe.

«Jeg gikk etter bankingen. Men så sluttet det å banke, og nå finner jeg ikke veien hjem igjen. Det er så mange fjelltopper her.»

«Sett deg opp i helikopteret, så skal vi hjelpe deg å lete.» Øyvind starter opp. Helikopteret tar en runde innover fjellet. Det er mange fjelltopper.

Plutselig roper Labbe: «Der er det! Der bor jeg!»

Da hører alle at det roper høyt nedenfra fjellet. «Labbe. Labbe! Hvor er du?»

«Her kommer jeg!» Stemmen til Labbe ler.

Figur 29 – Trollmor og trollfar blir forskrekket når Labbe daler ned fra luften

Trollmor og trollfar blir veldig forskrekket da Labbe kommer dalende rett ned fra luften. Men plutselig forsvinner de alle tre rett inn i fjellveggen.

«Ha det Labbe!» roper Øyvind og Vidar i kor. Men det hører nok ikke Labbe.

«Er det ikke min tur til å styre nå?» lurer mormor på.

«Greier du det da?» Vidar ser tvilende ut.

«Pass deg mormor, du kjører jo rett inn i fjellveggen! Der tok du nesten toppen av en gran. Det er nok best jeg overtar,» sier Øyvind.

Figur 30 - «Der tok du nesten toppen av en gran, mormor!»

Snart lander helikopteret trygt på plassen sin. Og så var de alle tilbake i teltet. .

KAPITTEL 4

Mandag morgen, mens alle sitter og spiser frokost, snur bestefar seg mot mormor.

«Vi har sluppet opp for spiker. Du må være så snill å kjøre til butikken for oss. Vi kan ikke kaste bort tiden med slikt.»

«Jeg vil være med,» sier Vidar.

«Jeg vil også være med,» svarer Øyvind.

«Nei det er best dere gutter blir her. Veien er helt elendig etter alt regnværet.»

«Du kan bare la varene bli igjen i bilen. Jeg bærer det opp senere,» sier Tom.

Figur 31 – Det senere så berømte røde helikopteret er ferdig bygget og skal males rødt

«Hør her gutter,» sier mormor.«Nå må dere være flinke og ikke fly for mye i veien. Hvis dere jobber på helikopteret mens jeg er borte, så skal jeg kjøpe maling, så skal vi male helikopteret når jeg kommer tilbake. Men det er vår hemmelighet, ikke sant?»

Figur 32 – Bilen blir stående å slure på en trerot

Mormor kjører nedover alle bakkene til butikken, kjøper spiker, matvarer og en boks med rød maling. Veien er smal, bratt og svingete. Nesten på toppen av en bratt bakke blir hun stående og slure på en trerot. Regnet har tatt med seg mesteparten av sand og grus fra veien.

Det bestemor liker minst ved bilkjøring er å rygge nedover en bratt svingete bakke. Hun får litt panikk ved tanken, og trykker gassen helt i bånn. Bilen gjør et byks fremover, og hopper over trerota, snerter en liten buske ved veikanten, og kommer på rett kjøl igjen.

«Men er du alt der da?» sier Tom. «Veien er blitt bedre, skjønner jeg.»

«Hvilken vei mener du?» kommer det fra bestemor.

«Husket du malingen?» Vidar tenkter bare på helikopteret.

«Hysj,» sier bestemor. «Først skal vi spise middag.» Hun har fått med ferske pølser og potetstappe fra butikken.

Etterpå er alle i fullt arbeide. Bestefar og Tom jobber med hytta. Mormor rydder etter middagen. Vidar og Øyvind maler helikopteret.

Plutselig roper bestefar: «Men Vidar, har du slått deg?»

Vidar ser forundret opp med en stor rød strek over panna.

Figur 33- «Han er bare nymalt,» sier Øyvind

«Han er bare nymalt,» sier Øyvind.

«Du skremmer nesten livet av oss.» Bestefar ser på panna til Vidar.

«Jeg tror helikopteret er rødt nok nå. Nå skal vi få vasket av dere litt maling. Så er det kveldsmat,» sier mormor, og legger til, «vi kan ikke kjøre helikopter i kveld. Malingen må tørke først.»

Neste morgen er det gråvær og regn igjen.

«Vi har nok vært uheldige med været,» mener bestemor.

«Regner det bestandig på fjellet?» Øyvind er lei av dryppende vann.

«Vi kan godt reise hjem og være hjemme resten av ferien, hvis dere heller vil det!» Mormor ser på barnebarna sine.

«Nei!», roper begge guttene i kor. «Det gjør vel ingen ting om det regner!»

Tom og bestefar har fått tak over hytta, så nå kan de jobbe inne uten å bli våte.

Det er snart slutt på brødet.

«Kanskje guttene og jeg skal ta en liten handletur,» sier mormor. «Ikke bli redd for oss om vi blir borte en god stund. Det er litt trasig å sitte inne i teltet hele dagen.»

Alle tre drar av sted iført regntøy og slagstøvler.

Veien var blitt litt bedre. Trerota er fjernet,og det er blitt fylt på litt grus enkelte steder. Veimannen har tydeligvis vært ute og kjørt.

«Jeg tenkte at vi skal ta en tur til Gjøvik. Da kan vi gå på cafè, og det er mange fine butikker der.»

Både Øyvind og Vidar ville gjerne reise på tur til Gjøvik.

De kikker i flere butikkvinduer og spiser rundstykker og nystekte vafler på en café.

«Nei, nå må vi tenke på hjemveien,» Mormor titter på klokka.

«Men det er da ikke den veien,» sier Øyvind.

«Jeg er sikker på at jeg satte bilen her,» husker mormor.

«Tror du vi finner den igjen?» Vidar ser skeptisk ut.

«Helt sikkert. Gjøvik er da ikke så stor.» Mormor tar på seg kjentmannsminen.

«Men se på alle de menneskene. Er det sirkus mon tro?» Øyvind titter bortover plassen.

«Nei, det er loppemarked.»

«Har vi noen penger igjen?» Øyvind kjenner handlelysten komme.

«Litt,. Mormor titter ned i vesken sin. «Ti kroner til hver.»

Det blir et vanskelig valg. Øyvind finner en liten kikkert. Vidar tar en tegnebok og en liten lastebil med tre fine runde hjul og et hjul som ikke var helt rundt. Mormor forsynte seg med en liten parafinlampe i kobber. «Bare ti kroner!»

«Den blir fin på peishylla, når vi engang får en peishylle,» ser hun for seg.

Figur 34 – Mormor og gutta var på loppemarked

«Mormor, jeg vet hvor bilen står. Ser du det huset med den høye pipa.? Bilen er nok bak den.» Øyvind husker plutselig hvor mormor parkerte da de kom. Og der står den røde Taunusen.

Været er blitt lettere nå, og sola skinner når de kommer fram til Slåtten. Der står bestefar. Og han som hadde det så fryktelig travelt?

«Så lenge dere ble,» sier han. Jeg var redd for at dere hadde fått trøbbel med bilen.»

«Nei da,» svarer mormor. «Jeg sa jo at vi kom til å bli lenge borte.»

«Vi kjøpt fem brød! Og så har vi vært på loppemarked!» Øyvind viser stolt fram kikkerten sin.

«Øyvind fant igjen bilen.» Vidar er stolt av broren sin.

«Ja, og se den fine bilen Vidar kjøpte!» sier mormor. «Men jeg har det fineste av alt.
Blir ikke denne flotte lampa fin på peishylla?»

«Den kan sikkert brukes til litt av hvert,» mener bestefar. «Men du kan iallfall ikke ha parafin på den. Du ser vel den er sprukket i bunn. Den er jo brannfarlig.»

«Ikke vær lei deg mormor. Vi kan bruke den i helikopteret,» sa Vidar.

«Den kan være landingslys,» sa Øyvind.

«Nei, det er en tryllelampe,» sa Vidar.

Og slik kom det en tryllelampe ombord i helikopteret.

Figur 35 – Mormors fangst slik den ble etter et malingsstrøk

KAPITTEL 5

Det er fredag morgen!

«Frokosten er ferdig!» roper mormor. «Kom og spis!»

«Men hvor i all verden er Vidar? Han var her for et øyeblikk siden!» Tom ser på den tomme plassen!.

«Vidar, Vidar, hvor er du?»

Ingen Vidar svarer. Alle løper rundt i terrenget og leter etter ham.

Mikkel har stått bundet i løpestrengen sin. Han blir sluppet fri og setter avgårde oppover myra. De andre farer etter.

Figur 36 – Bak en knaus sitter Vidar og spiser blåbær

Bak en liten knaus sitter Vidar og spiser blåbær.

«Du må aldri gå så langt alene!» Tom har en formanende tone i stemmen.

«Jeg bare spiser blåbær, og så vet jeg ikke riktig hvor hytta er!» Vidar ser litt stolt ut, og tørker seg rundt den knallblå munnen med håndbaken.

«Det er veldig lett å gå seg bort her.» Mormor peker bortover myra. «Terrenget ser så likt ut over alt. Her har mennesker gått seg bort før»

«Vi må sette opp merker,» foreslår Øyvind.

Figur 37 – Blåbær er fristende godt

Etter frokost tar mormor noen bordbiter og hugger dem opp til pinner. Det finnes ingen stier ut fra hyttetomta, bare et lite tråkk som blir brukt av sauene. Med en pose full av pinner drar mormor og guttene oppover tråkket, og banker pinnene ned på venstre side av stien

«Nå kan vi se hvor veien til hytta går.» Vidar ser bortover raden men pinner på den ene siden av stien. .

«Hvilken hånd er den høyre hånden din, Vidar?»

«Det er den, nei kanskje den.» Vidar ble plutselig usikker.

»Hvilken hånd bruker du når du tegner?»

Mormor hadde sett at guttene ikke var vestrehendte.

«Det er den.» Vidar strekker høyre hånd i været.

«Der er min høyre også,» konstanterer Øyvind.

«Det er helt riktig. Når dere skal hjem til hytta så står pinnene på høyre side av stien. Husk det, og når dere følger pinnene våre vet dere alltid hvor veien går til bake til hytta.

En annen dag skal vi merke flere stier.»

Figur 38 – Etter mye jobb er stien ferdig merket

Det hadde vært en slitsom arbeidsdag og guttene synes det er godt å komme ned i soveposene.

«Kommer du ikke snart, mormor?» Vidar roper.

«Men har dere ikke sovnet enda da?»

«Vi skal vel kjøre en tur med helikopteret?» kommer det fra Øyvind.

«Vent litt da. Jeg skal bare høre ferdig nyhetene først,» sier mormor.

«Vet dere. Det er blitt borte en liten gutt på fjellet.»

«På dette fjellet?» Øyvind ser mot teltdøra.

«I nærheten av Lillehammer, tror jeg. Det er mange folk ute og leter etter ham. Der kan du se Vidar, hvordan det kan gå når små gutter går tur alene.» Mormor måtte formane Vidar. Et slikt eksempel er bra å komme med.

«Men vi kan ta en tur og lete etter ham med helikopteret. Det er ikke sikkert de letefolka har helikopter,» mente Øyvind.

«Nå starter vi! BRRRRR!»

«Du kan bruke den kikkerten jeg kjøpte på Gjøvik, mormor. Ser du noe?»

«Bare busker og trær og myrer,» Mormor tittet inn i linsen.

«Jeg vil låne den!» Vidar tok den fra mormor.

«Nå ser jeg noe. Jeg ser en ku. Den kan vi redde. Den har kanskje gått seg bort.»

«Jeg ser det blinker i noe.» sier Øyvind, og Vidar retter kikkerten mot bakken.

«Det må være den gutten. Han har nok refleksbrikke på seg. Nå lander vi.»

Figur 39 – Søk etter bortkommet gutt

På bakken ligger en liten gutt og sover. Vidar rister i ham.

«Du må våkne, ellers kan vi ikke få reddet deg! Hvorfor ligger du og sover langt inne på fjellet?»

«Faren min og jeg var på fisketur, men jeg tror han har gått seg bort.» Så gjesper han og sovner igjen.

Tryllelampen kaster et mykt lys over de trøtte barna.

«Den gutten sover mye.» sier Vidar, så gjesper han også .Et øyeblikk etter sovner han også godt i posen sin. Mormor pakker godt rundt ham, hysjer på Øyvind og lister seg ut av teltet.

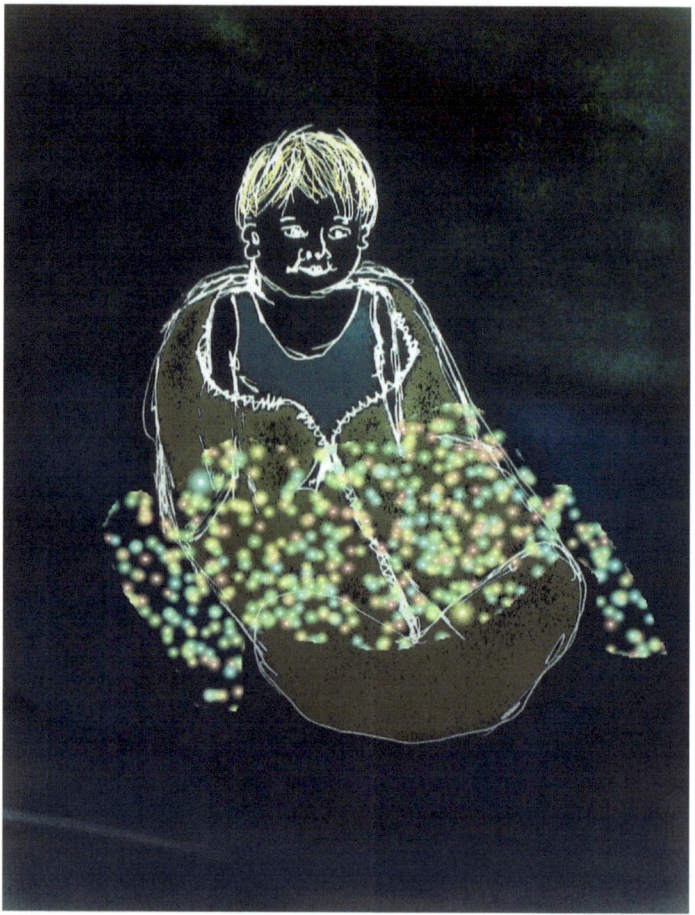

Figur 40 - «Den gutten sover mye!» Vidar gjespet og sovnet godt i soveposen sin selv.

KAPITTEL 6

Så er det endelig lørdag morgen. Alle er spente på om det kommer gjester i dag.

Onkel Tore hadde ymtet om å komme en tur til fjells. Han var med på grunnarbeidet på hytta og er spent på hvordan det går med byggingen. Da klokken blir elleve, varsler Mikkel at det er gjester underveis. Snart dukker onkel Tore opp på myra sammen med Arne som er hele tre år. Og han løper så fort som bena kan bære ham.

Figur 41 – Snart dukker onkel Tore opp på myra sammen med Arne

Hytta er kommet under tak. Men innvendig er det bare et stort rom. Dører og vinduer mangler også.

Arne og Tore har med seg et lass med pølser.

«Det er flott,» observerer Tom. «Nå kan vi ha kranselag.» Han klatrer opp på taket og fester en liten granbuske til toppbjelken.

Figur 42 – Taket er på plass – Tom fester en granbusk på mønet

«Nå må dere hjelpe meg og bygge grill.» Mormor går ut rundt på hyttetomta og samler kvist.

Like ved ligger det et lag med skifer. Alle tre guttene er i gang med å bære stein og bygge ildsted.

«Men har vi grillkull da?» Spør Øyvind.

«Det trenger vi ikke,» sa mormor. «Tørre kongler er like fine å bruke. Nå kan dere plukke noen og fylle opp denne esken her.»

Grillen blir tent. Onkel Tore tar frem litt medbragt hønsenetting som han legger over ilden, og snart er pølsefesten i gang. Øyvind hadde allerede spikket lange bjørkepinner til å spidde pølser med. Han er forutseende!

Figur 43 – Kranselag med pølser i kveld

Gjestene skal sove på gulvet inne i hytta, men lille Arne vil sove i teltet sammen med Øyvind, Vidar og mormor.

Og så er det blitt mørkt. «Nå må dere legge dere til å sove med en gang.» Mormor gjespet.

«Nei, vi må kjøre en liten tur med helikopteret først, Jeg styrer,» kunngjorde Vidar.

«Men Arne, du kan ikke gå ut av helikopteret under fart!»

«Jeg skal bare fylle bensin.»

«Men det er jo ingen bensinstasjon akkurat her.» Vidar er sikker i sin sak.

«Vi må fylle bensin ellers detter helikopteret ned!» Arne kjenner litt til aerodynamikk!

Arne er den første som våkner søndag morgen.. Han ser forskrekket opp i telttaket. *'Å ja, er på fjellet nå ja!'* Så legger han seg til å sove litt til.

Snart er alle tre guttene helt våkne. Mormor er visst fryktelig trøtt akkurat i dag.

«Mormor du må våkne,» Vidar ser svært så morgenfrisk ut.

«Vi skal kjøre en tur med helikopteret nå også.»

Figur 45 – Du er da ikke gammel du bestemor, du ser bare sånn ut!»

«Jeg tror dere får kjøre en tur alene. Jeg må opp og lage frokost.»

«Du må være med. Du er så fin ballast,» kommer det fra Øyvind.

«Jeg vil styre,» sier Arne. Brr! Det går opp og ned, og ned og opp.»

Figur 46 – Tom og bestefar jobber på hytta

«Men Arne! Hvordan er du kjører? Husk at dere har med dere en gammel bestemor.»

«Du er da ikke gammel du, mormor,» kommer det fra Øyvind. «Du ser bare slik ut.»

Etter frokost jobber Tom, Tore og bestefar på hytta, mens mormor og guttene drar på multetur.

Figur 47 – Det er saftige, modne multer på myra

De følger den nye pinneveien ,og det står fine gule multer på begge sider av stien. De er ganske stolte når de kommer tilbake med fullt av multer i spannene.

Figur 48 – Arne, Øyvind og Vidar ser på multefangsten

«Men har dere ikke med Mikkel da?» spør bestefar.

«Mikkel? Er ikke han her da? Han sto jo i løpestrengen sin.»

«Jeg slapp han løs etter at dere dro,» Tom ser litt bekymret ut. «Jeg trodde han var sammen med dere.»

Men Mikkel er borte. Kan han ha fulgt med sauene tro? Han er blitt ganske fortrolig med dem denne uken.

«Jeg skal plystre på ham.» Tore forsøker å etterligne mormors plystresignal.

Figur 49 – Bare mormors plystring fungerer

Men ingen Mikkel kommer. Men da mormor plystrer selv, hører de et svar langt borte, og snart kommer Mikkel springende i full fart.

«Hvorfor kommer du ikke når jeg plystrer på deg?» undres Tore.

«Du kan ikke plystre så falskt som mormor!» kommer det fra Øyvind som svarer for Mikkel.

Etter middag reiser Tore og Arne hjem igjen og blir fulgt til Slåtten av bestemor, bestemor og barna.

Onkel Tom sitter igjen på taket og banker.

KAPITTEL 7

«I dag tar vi med oss tryllelampen,» bestemmer Øyvind da det er blitt sengetid.

«Da kan vi ønske oss alt mulig.»

«Ingen kan få alt mulig, Vidar,» kommenterer mormor.

«Jo, med tryllelampen så.» Øyvind er bombesikker.

«Nei det er bare ett ønske som virker hver dag,» mener mormor.

«Da reiser vi og besøker Labbe Langbein. Du kan være motor i dag, Vidar.»

«Host, host, Øyvind. Det er visst noe galt med motoren.»

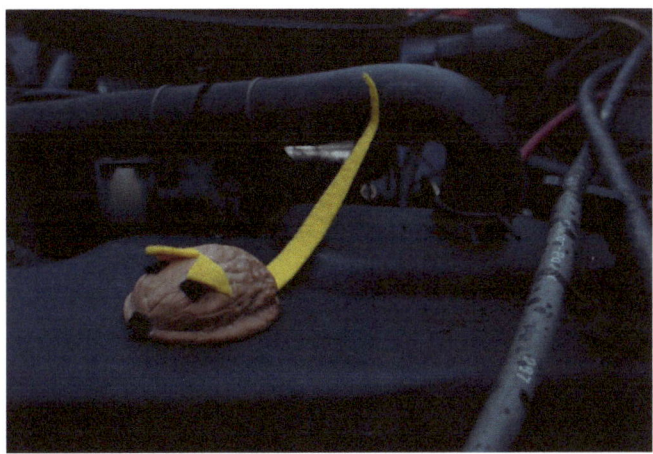

Figur 50 - «Rusk i forgasseren,» sier mormor

«Rusk i forgasseren!» Det har mormor erfaring med.

«Se, det er mus i motoren!» Øyvind sperrer opp øynene. «Var det den som Mikkel skremte bort, mon tro? Har den flyttet inn her?»

«Jeg skulle ønske motoren var i orden,» sier Vidar, og plutselig summet motoren som en humle. Musa løper og gjemmer seg.

«Nå har du brukt opp det ene ønsket ditt,» påpeker mormor.

«Men jeg mente det jo ikke!» Vidar er igjen en liten gutt.

Figur 51 – «Det er tåke i kveld, pass på toppene!»

«Det er tåke i kveld. Pass på, Øyvind, så du ikke kjører på fjelltoppene".»

«Men det er jo sol på toppene. Der ligger den toppen Labbe Langbein bor på!»

«Nå kan jeg se ham, men det er mange andre der også.» Øyvind har skarpt syn.

«Kanskje det er farlig å lande?» Engstelige mormor...

«Ikke vær dum, mormor. Troll er vel ikke farlige.» Modige Vidar.

Nå har Labbe fått øye på dem og står og vinker. De lander flott på en stor steinhelle. Der står Labbe og tre andre små trollunger. De likner veldig på Labbe. Trollmor og et stort buskete troll som heter Dovrestubben er også der.

Figur 52 – Labbe og tre søsken

«**GOD KVELD**» hilser Dovrestubben med en så grov røst at det høres ut som tordenvær

Men hva er det i veien med dem alle sammen? Trollmor er stripete i ansiktet av tårer og alle er veldig lei seg.

Figur 53 – Trollmor er stripete i ansiktet av tårer

«Men hva er det som er i veien, Hvorfor er dere så triste?» spør mormor.

«***DET ER MÅNESTRÅLE.***» Trollmor snufser.

«Hun falt utfor fjellet og vi får ikke tak i henne.» forklarer Labbe.

Og langt, langt der nede på en liten fjellhylle, sitter en liten trolljente og gråter.

«Hvordan er hun kommet dit?» Vidar.løfter øyebrynene.

«Vi skulle se hvem som kunne hoppe lengst. Månestråle vant. Men nå kommer hun ikke opp igjen,» sa Labbe.

«Det kan vel vi greie. Har dere et tau?» Vidar så bort på trollene. De ristet på hodene sine.

«Godt vi har en tryllelampe. Jeg ønsker et tau.» sa Vidar. Men det kommer ikke noe tau.

«Husk at du har brukt opp ditt eneste ønske, Vidar.» Øyvind følger nøye med. «Jeg ønsker meg et tau.»

Snart ligger det et langt, sterkt tau ved siden av ham.

«Nå binder vi tauet rundt livet på mormor og heiser henne ned med helikopteret.» Øyvind har løsningen klar.

«Er det ikke bedre at en av dere fires ned, så kan jeg styre helikopteret?» mener mormor.

«Det greier du nok ikke.» Vidar kjenner mormor.

Figur 54 – månestråle sitter og gråter på en liten fjellhylle.

Vel, det er ingen annen råd. Mormor får tauet rundt livet. Helikopteret blir startet og mormor dingler i tauet. Hun får tak i Månestråle og begge to henger en god stund mellom himmel og jord.

Figur 55   -   Begge hang og dinglet i luften

'*Nå ønsker jeg virkelig at vi var velberget oppe*' tenker mormor, og vips, så er de tilbake på steinhellen, der den lå like ved toppen av fjellet.

Figur 56 – Mormor redder trollungen Månestråle

Trollene blir elleville av glede. Til og med Trollstubben smiler i skjegget. Men han måtte komme med sin vanlige tale.

«JEG LIKER IKKE ALLE DISSE FOLKENE SOM KOMMER OPP I FJELLENE VÅRE! DE HIVER HERMETIKK-BOKSER, PLAST OG ALL SLAGS SKRAP.»

Trollstubben vet akkurat hva han sier, og hvordan naturen kan ta skade.

«MEN DERE KAN FÅ GÅ I FJELLET SÅ MYE DERE VIL, OG HVIS DERE FÅR PROBLEMER I FJELLET NOEN GANG, SKAL VI HJELPE DERE.»

«Takk for det,» smiler mormor. «Vi er glade i fjellet. Vi vil beholde fjellet rent og uberørt slik som det er i dag. Vi skal aldri kaste plastposer eller noe slags søppel i naturen.»

Mormor har alltid passet på at ingen får lov til å kaste noe i naturen. Hun pleier å minne alle på dette hele tiden. «Legg appelsinskallene tilbake i sekken! De brenner bra når de er tørre!» Dette er noe ingen av guttene glemmer!

Figur 57 – Dovrestubben har ikke noe hjem lenger på Dovrefjell

Dovrestubben vandrer av gårde med lange skritt.

«Hvor bor han?» Vidar speider etter trollet.

«Han er blitt husvill. Han bor ingen steder. Han bodde på Dovrefjell. Men så kom det noen og sprengte fjellet rundt huset hans. De kalte det for gruvedrift.» Labbe så etter pappaen sin. «Så nå går han rundt fra fjell til fjell. Kanskje blir han engang pappan vår igjen!»

«*NÅ SKAL VI HA FEST. DERE MÅ KOMME OG FÅ GRØT ALLE SAMMEN!*» Trollmor er glad nå!. De koser seg lenge med grøten. Tresleivene passer godt oppi de rykende tretallerknene. Og grøten er kjempegod, den! Den smaker nesten som den mormor av og til rører sammen!

Figur 58 – Etter festen drar det røde helikopteret hjem til hytta i Synnfjell

Neste dag er det oppbrudd. Ferien er slutt. 14 dager i storm, regn og solskinn er en fantastisk opplevelse for alle guttene.

Bak noen blåbær blinket det i to små øyne.

Figur 59 – Musa er nysgjerrig

Figur 60 – Det røde helikopteret i teltet sitt

«Jeg skulle ønske vi kunne vært her mye lenger,» Øyvind lengter allerede tilbake.

«Vi skal ha høstferie i september, Kanskje dere har lyst til å være med da?»

Helikopteret blir parkert inne i teltet og skulle bo der helt alene frem til høstferien.

"Når vi kommer tilbake i september kan vi bo inne i hytta", sa mormor.

"Er det veldig lenge til september?" spør Vidar.

Det rasler i lyngen. Den lille musa løper inn i helikopterteltet. *'Det er godt og varmt her ved motoren,'* tenker den.

o

Figur 61 – Telplassen er lukket og stengt.
Sommerferien er slutt

Figur 62 – Høstferie i septembertåka.

Copyright Faarikaal Forlag 2016
Copyright Astrid Olsen 2003/2016
Copyright Inger Svindal 2003/2016

Skrevet av Astrid Olsen, 2003, da 87 år gammel.
Alle illustrasjoner: Inger Svindal, Nesodden
Redigering og litt ekstratekst: Tore Svein Olsen

Vi minnes alle de medvirkende:

Astrid Olsen, 100 år i 2016
Arne Olsen (død 2006)
Arne Brune Olsen – *sønn av Onkel Tore*
Øyvind Olsen
Vidar Svindal – *Øyvind og Vidar, begge sønner av*
Inger Svindal   *Inger og Tom*
Tom Svindal

Onkel Tore

Trykket i USA av Createspace
ISBN i Norge: 978-82-690248-2-1

Utgitt av Faarikaal Forlag, Nesodden 2016

Denne boka er skrevet ut fra faktiske hendelser rundt byggingen av «Slåttebu» i Nord-Torpa i Oppland. Alle hendelsene som er beskrevet har funnet sted, nesten som boka har fortalt dem.

Og skulle dere møte noen troll i Synnfjell – ikke bli redde – de er snille og har aldri glemt familien som bygde hytte dengangen for snart femti år siden!

Eventyr? Neida – helt sant!

www.ingramcontent.com/pod-product-compliance
Lightning Source LLC
Chambersburg PA
CBHW042341150426
43196CB00001B/15